A pele que eu tenho

A pele que eu tenho

Escrito por
bell hooks

Ilustrado por
Chris Raschka

Traduzido por
Nina Rizzi

boi ta tá

Para Lisa, Chris, Jackie, Anne e Garen.
Com alegria da nossa comunidade e amor,
celebrando quem somos de verdade!
— b. h.

Para Mary e Nels.
— C. R.

A pele que eu tenho

é só uma camada, não fala completamente de onde venho.

A pele que eu tenho

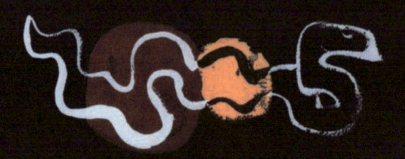

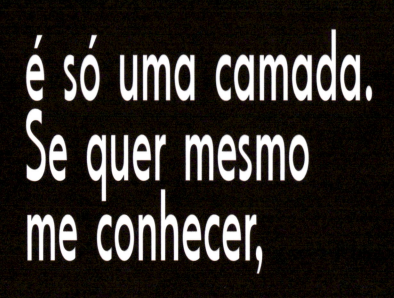

é só uma camada.
Se quer mesmo
me conhecer,

A pele
que eu tenho
me agrada.

Por ela se
revela um pouco
da minha
identidade,

A pele que tenho será sempre só uma camada.

Que sozinha não me define.

Sou um conjunto diverso,

com muitas camadas na frente e no verso,

de histórias

passadas, presentes e futuras.

Algumas que me mostram, reais e autênticas,

e outras que crio, divertidas e de faz de conta.

Se quer saber quem eu sou,

é só deixar de lado

tudo aquilo que,

desde antes, imaginou.

assim como você. A pele que nós temos é só uma camada.

Fortalecendo a amizade,

narrando as histórias da nossa pele

e descobrindo outras

que a pele não conta.

por dentro,

somos gente que sonha,

bell hooks

Nascida em 25 de setembro de 1952, na cidade de Hopkinsville, Kentucky, Estados Unidos, Gloria Jean Watkins, mais conhecida como bell hooks, foi escritora, educadora, feminista e ativista social, o que quer dizer que sempre lutou por um mundo mais justo. Escolheu escrever seu nome – uma homenagem à bisavó, Bell Blair Hooks – com letras minúsculas para enfatizar o conteúdo de seus livros, não quem os escreveu. Autora de muitas obras, entre elas cinco infantis, tratou de questões como raça, classe e gênero na educação, na história da sexualidade e do feminismo e na cultura em geral. Quando criança, frequentou uma escola que separava estudantes brancos de negros. Mais tarde, tornou-se admiradora do educador e filósofo brasileiro Paulo Freire. bell hooks defendia que meninos e meninas são diferentes, mas não desiguais; que a cor da pele não diz inteiramente quem somos; e que o feminismo e o antirracismo são para todo mundo. Morreu em 15 de dezembro de 2021, em sua casa, rodeada de familiares e amigos.

Chris Raschka

Nascido em Huntingdon, Pennsylvania, em 6 de março de 1959, é um ilustrador, escritor e violista estadunidense. Embora tenha crescido em Chicago, passou parte da infância na Áustria, terra natal de sua mãe, e atualmente vive em Nova York. Com mais de trinta livros infantojuvenis publicados e muitos prêmios, foi indicado cinco vezes para o mundialmente reconhecido Hans Christian Andersen e por mais de um ano teve obras na lista dos dez melhores livros ilustrados do jornal *The New York Times*.

© do texto, bell hooks, 2004
© das ilustrações, Chris Raschka, 2004
© desta edição, Boitatá, 2022

Título original: *Skin Again*
Esta edição foi publicada em acordo com a Little, Brown and Company,
Nova York/ Hachette Book Group. Todos os direitos reservados.

1ª edição: outubro de 2022;
4ª reimpressão: abril de 2025

Jinkings Editores Associados Ltda.
Rua Pereira Leite, 514
05442-000 São Paulo SP
contato@editoraboitata.com.br
boitempoeditorial.com.br
facebook.com/boitata
instagram.com/editoraboitata

DIREÇÃO-GERAL Ivana Jinkings
EDIÇÃO Thais Rimkus
ASSISTÊNCIA EDITORIAL João Cândido Maia
COORDENAÇÃO DE PRODUÇÃO Juliana Brandt
ASSISTÊNCIA DE PRODUÇÃO Livia Viganó
TRADUÇÃO Nina Rizzi
DIAGRAMAÇÃO Camila Nakazone
(sobre arte original de Chris Raschka)

CIP-BRASIL. CATALOGAÇÃO NA PUBLICAÇÃO
SINDICATO NACIONAL DOS EDITORES DE LIVROS, RJ

H755p
   Hooks, Bell
      A pele que eu tenho / escrito por Bell Hooks ; ilustração Chris Raschka ; [tradução Nina Rizzi]. - 1. ed. - São Paulo : Boitatá, 2022.
      : il.

   Tradução de: Skin again
   ISBN 978-65-5717-186-8

   1. Poesia. 2. Literatura infantojuvenil americana. I. Raschka, Chris. II. Rizzi, Nina. III. Título.

22-80088
                                         CDD: 808.899282
                                         CDU: 82-93(73)

Gabriela Faray Ferreira Lopes - Bibliotecária - CRB-7/6643

Publicado em outubro de 2022, no mês das crianças, este livro foi composto em Dreamland Pro (título), Lexikos Std e Avenir Next Condensed (textos) e reimpresso em papel Offset 180 g/m² pela gráfica Piffer Print, para a Boitatá, em abril de 2025, com tiragem de 3 mil exemplares.